BEI GRIN MACHT SICH IHR
WISSEN BEZAHLT

- Wir veröffentlichen Ihre Hausarbeit,
  Bachelor- und Masterarbeit

- Ihr eigenes eBook und Buch -
  weltweit in allen wichtigen Shops

- Verdienen Sie an jedem Verkauf

Jetzt bei www.GRIN.com hochladen
und kostenlos publizieren

Bibliografische Information der Deutschen Nationalbibliothek:

Die Deutsche Bibliothek verzeichnet diese Publikation in der Deutschen National-bibliografie; detaillierte bibliografische Daten sind im Internet über http://dnb.d-nb.de/ abrufbar.

Impressum:

Copyright © 2014 GRIN Verlag, Open Publishing GmbH
Druck und Bindung: Books on Demand GmbH, Norderstedt Germany
ISBN: 978-3-668-11382-4

Dieses Buch bei GRIN:

http://www.grin.com/de/e-book/312400/die-einfuehrung-neuer-software-mit-ereignisgesteuerten-prozessketten-epks

Eugen Grinschuk

Die Einführung neuer Software mit Ereignisgesteuerten Prozessketten (EPKs)

GRIN Verlag

GRIN - Your knowledge has value

Der GRIN Verlag publiziert seit 1998 wissenschaftliche Arbeiten von Studenten, Hochschullehrern und anderen Akademikern als eBook und gedrucktes Buch. Die Verlagswebsite www.grin.com ist die ideale Plattform zur Veröffentlichung von Hausarbeiten, Abschlussarbeiten, wissenschaftlichen Aufsätzen, Dissertationen und Fachbüchern.

Besuchen Sie uns im Internet:

http://www.grin.com/

http://www.facebook.com/grincom

http://www.twitter.com/grin_com

Inhaltsverzeichnis

Abbildungsverzeichnis

Abkürzungsverzeichnis

CRM	Customer-Relationship-Management
EPK	Ereignisgesteuerte Prozesskette
eEPK	Erweiterte ereignisgesteuerte Prozesskette
ERP	Enterprise-Resource-Planning
PoC	Proof of Concept

1 Einleitung

Das mittelständische Unternehmen S-W-E plant eine Einführung eines neuen Verkaufssystems, welches bestimmte Anforderungen mit sich bringt. Um die Einführung dieses neuen Verkaufssystems möglichst reibungslos zu gestalten, sollen unterschiedliche Einführungsstrategien von Software gegenübergestellt werden.

1.1 Motivation der Arbeit

In allen Unternehmen wird früher oder später eine neue Software eingeführt, sodass sich die Projektleitung über die Einführungsstrategie der Software Gedanken machen muss. Da unterschiedliche Einführungsstrategien vorhanden sind, gilt es zunächst die Vor- und Nachteile dieser abzuwägen sowie die am besten geeignete Einführungsstrategie anhand festzulegender Kriterien bzw. der Art der Software auszuwählen.

1.2 Darstellung von Ziel und Aufbau der Arbeit

Zunächst werden in Kapitel 2 die unterschiedlichen Einführungsstrategien von Software, samt Vor- und Nachteilen vorgestellt. Darüber hinaus wird je ein Beispiel vorangestellt, für welche Art von Software die jeweilige Einführungsstrategie am besten geeignet wäre. Zum leichteren Verständnis der Arbeit werden Grundlagen über die ereignisgesteuerte Prozesskette (EPK) vermittelt. Kapitel 3 beschreibt einen möglichen optimalen Einführungsprozess von Software, welcher mittels EPK grafisch dargestellt wird. Zum Schluss wird eine Zusammenfassung in Form eines Fazits gegeben.

Das Ziel dieser Arbeit ist es, die verschiedenen Einführungsstrategien näher zu untersuchen sowie einen optimalen Einführungsprozess von Software, mittels EPK, darzustellen.

2 Grundlagen der Einführung von Software

Die Einführung von Software kann auf unterschiedlicher Art und Weise geschehen. Dabei ist die richtige Strategie für den Erfolg der Einführung von Software von großer Bedeutung.

2.1 Einführungsstrategien

Die Einführung von Software ist ein Prozess, der gut durchdacht werden muss, da die richtige Einführungsstrategie zum Erfolg bzw. die Falsche zum Misserfolg führen kann. Darüber hinaus wird die Wahl der Einführungsstrategie je nach Art der Software sowie Größe des Unternehmens beeinflusst. Auch ggf. existente Vorgaben seitens des Managements oder des Kunden können die Einführungsstrategie beeinflussen. In den nachfolgenden Kapiteln werden die verschiedenen Einführungsstrategien samt den Vor- und Nachteilen sowie deren mögliches Einsatzgebiet näher erläutert.

2.1.1 Big Bang

Ein maßgeblicher Vorteil dieser Einführungsstrategie ist, dass die Software nach einer sehr genauen Planung an einem bestimmten Tag eingeführt wird. Ab diesem Tag steht die alte Software und das alte System nicht mehr zur Verfügung, sondern wird durch die neue Software samt System ersetzt. Bei dieser Einführungsstrategie ist eine genaue Planung sehr wichtig und damit erfolgsentscheidend[1].Big Bang als Einführungsstrategie ist für die Einführung von neuer Standardsoftware sinnvoll.

2.1.1.1 Vorteile

Die Big Bang Einführungsstrategie hat den Vorteil, dass für die Einführung der neuen Software im Unternehmen ein fest definierter Zeitpunkt feststeht und dieser kommuniziert werden kann. Damit ist eine exakte Planung möglich, was ggf. für andere Unternehmensbereiche und Projekte von großer

---

[1] Gadatsch, 2012, S. 357 - 365

Bedeutung ist. Durch das Abschalten der alten Software samt System zu dem fest definierten Zeitpunkt, entstehen keine Remanenzkosten[2] für das alte System[3].

2.1.1.2 Nachteile

Trotz der Vorteile, die eine Big Bang Einführungsstrategie mit sich bringt, hat diese ebenso einige Nachteile. Aufgrund der Umschaltung zum bestimmten Zeitpunkt muss die Projektplanung sehr genau gemacht werden, was eine sehr hohe Anforderung an das Projektmanagement stellt. Ebenso sind die Risiken, die mit dieser Einführungsstrategie verbunden sind, sehr hoch. Denn zum fest definierten Zeitpunkt müssen alle Funktionen betriebsbereit und im vollen Funktionsumfang zur Verfügung stehen. Des Weiteren dürfen keine unvorhergesehenen Risiken und Verzögerungen auftreten, da ansonsten der Zeitplan nicht eingehalten werden kann und die Software entweder nicht oder nur teilweise und mit Fehlern eingesetzt werden kann. Dies spiegelt sich im negativen Empfinden der Benutzer wieder. Außerdem ist für solch einen Fall ein Fallback-Szenario[4] sehr wichtig.

2.1.2 Parallelbetrieb

Bei der Einführungsstrategie Parallelbetrieb wird die neue Software einge-führt und die alte Software wird weiterhin betrieben. Die alte Software bleibt so lange bestehen, bis die neue vollständig eingeführt und im entsprechen-den Umfang betriebsbereit ist[5]. Diese Einführungsstrategie ist für die Einfüh-rung von neuer ERP-Software geeignet.

2.1.2.1 Vorteile

Der positive Aspekt dieser Einführungsstrategie liegt im geringen Risiko, da die Software parallel zur bereits bestehenden Software genutzt werden kann.

---

[2] Burth & Gnädinger, 2014
[3] Amrein, 2012, S. 207 - 208
[4] Zurück zum vorherigen Stand, Plan B
[5] Mertens & Wieczorrek, 2008, S. 267 - 267

Des Weiteren kann die Software zunächst in einem Unternehmensbereich eingeführt werden, in dem Fehlfunktionen der neuen Software zu keinen kritischen Beeinträchtigungen des laufenden Betriebs führen[6].

2.1.2.2 Nachteile

Ein Nachteil dieser Einführungsstrategie ist, dass für den parallelen Betrieb der beiden Software bzw. für den Betrieb der Systeme auf denen die Software installiert ist, Remanenzkosten entstehen. Ebenso ist es möglich, dass der Aufwand für Schulungen mehrmals zur Buche schlägt, was wiederum höhere Kosten verursacht[7].

2.1.3 Pilot

Mit der Einführungsstrategie Pilot oder auch Proof of Concept (PoC) genannt, wird die neue Software für freiwillig gemeldete Benutzer oder in einem Unternehmensbereich eingeführt. Die Benutzer arbeiten ab Einführung der neuen Software nur noch mit dieser und können dabei Ihre gemachten Erfahrungen und Probleme an die Rollout-Verantwortlichen weitergeben. Damit werden die erhaltenen Rückmeldungen an die Entwickler weitergegeben, welche die Fehler beseitigen können. Dabei kann der PoC zunächst für einige wenige Benutzer durchgeführt und nachher auf eine größere Anzahl an Benutzer ausgeweitet werden[8]. Die Einführungsstrategie Pilot ist für die Einführung neuer Betriebssystemversionen sinnvoll.

2.1.3.1 Vorteile

Diese Einführungsstrategie bringt unter anderem den Vorteil mit sich, dass Risiken reduziert werden, da die Fehler die bereits frühzeitig auftreten, gemeldet und beseitigt werden können, bevor die Software im gesamten Unternehmen zum Einsatz kommt. Außerdem haben die Benutzer durch ihre

---

[6] Amrein, 2012, S. 208
[7] Amrein, 2012, S. 208
[8] Bentele, et. al, 2011, S. 354 - 355

Rückmeldungen die Möglichkeit bei der Einführung mitzuwirken, was wiederum die Akzeptanz bei den Benutzern erhöht[9].

2.1.3.2 Nachteile

Durch die Einführung für wenige, nur ausgewählte Benutzer kann es zu Schnittstellenproblemen kommen, da unterschiedliche Software mit ggf. verschiedenen Funktionen im Unternehmen eingesetzt wird. Darüber hinaus kann sich die Einführung im gesamten Unternehmen in die Länge ziehen, wenn die Akzeptanz der Benutzer gering ist, das Feedback zu negativ ausfällt oder Rückmeldungen nur schleppend gegeben werden[10].

2.1.4 Schrittweise Einführung einzelner Module

Bei der schrittweisen Einführung einzelner Module wird die Software zunächst mit den grundlegendsten Funktionen eingeführt. Nach dieser Einführung werden weitere Funktionen und Module Schritt für Schritt hinzugefügt und die neue Version der Software eingeführt, deshalb wird diese Einführungsstrategie auch sukzessive Einführung genannt[11]. Sinnvoll ist diese Einführungsstrategie unter anderem bei der Einführung neuer CRM-Systeme.

2.1.4.1 Vorteile

Als Vorteil dieser Einführungsstrategie kann das geringe Risiko aufgeführt werden, denn mit der schrittweisen Einführung können Risiken frühzeitig erkannt und beseitigt werden. Auch auf die Erfahrungen aus den bereits durchgeführten Einführungsprozessen vorheriger Versionen kann zurückgegriffen und die ggf. gemachten Fehler nicht wiederholt werden[12].

---

[9] Koch, 2011, S. 107
[10] Koch, 2011, S. 107
[11] Koch, 2011, S. 105 - 106
[12] Koch, 2011, S. 105 - 107

2.1.4.2 Nachteile

Den Vorteilen stehen als Nachteile unter anderem die umfangreiche Rollout-strategie sowie die lange Einführungszeit gegenüber. Denn eine genaue Releaseplanung[13] ist wichtig, sonst kann sich die Einführung der Software enorm verzögern. Des Weiteren kann es zu Schnittstellenproblemen kommen, wenn in vorherigen Versionen temporäre Schnittstellen geschaffen wurden und diese nun nicht verwendet oder überarbeitet werden müssen[14].

2.2 EPK

Ereignisgesteuerte Prozessketten eignen sich dazu, um Geschäftsprozesse zu modellieren[15]. Dabei besteht eine ereignisgesteuerte Prozesskette aus Ereignissen, Funktionen, den Verknüpfungsoperatoren AND, OR und XOR sowie den Kontrollflusskanten[16]. Das Ereignis stellt dabei einen Zustand dar, welcher vor oder nach einer Funktion auftritt[17]. Die ausführende Tätigkeit wird dabei in der Funktion beschrieben, welche nach dem Ereignis folgt[18]. Mit den Verknüpfungsoperatoren oder auch Konnektoren genannt, kann der Kontrollfluss des EPK-Diagramms aufgespalten bzw. vereint werden. Bei AND müssen alle Ereignisse, bei OR mindestens ein und bei XOR genau ein Ereignis eintreten, damit die Funktion ausgeführt wird. Die Kontrollflusskanten zeigen den Verlauf des EPK-Diagramms auf. Sie verbinden die einzelnen Elemente der EPK miteinander. Der Pfeil am Ende der Linie zeigt dabei die Richtung des Kontrollflusses an[19].

Als Erweiterung der EPK, gibt es die erweiterte EPK (eEPK). Die eEPK beinhaltet zusätzlich die Organisationseinheit, das Informationsobjekt sowie einen Prozesswegweiser. Mit der Organisationseinheit wird eine Gruppe festgelegt, die für den Prozess verantwortlich ist[20]. Das Informationsobjekt sym-

---

[13] Pichler, 2014, S. 85 - 88
[14] Koch, 2011, S. 105 - 107
[15] Staud, 2006, S. 59 - 60
[16] Allweyer, 2009, S. 180 - 190
[17] Staud, 2006, S. 62 - 63
[18] Staud, 2006, S. 60 - 62
[19] Staud, 2006, S. 66 - 67
[20] Staud, 2006, S. 63 - 64

bolisiert ein Dokument, eine Datenbank oder ein anderes System, aus dem die Informationen für die Prozessausführung geliefert bzw. aus dem Prozess erstellt werden[21]. Der Prozesswegweiser symbolisiert, dass sich hinter der im EPK-Diagramm befindlichen Funktion ein weiteres EPK-Diagramm befindet, welches einen Teilprozess des gesamten Prozesses darstellt[22]. Abbildung 1 zeigt beispielhaft ein EPK-Diagramm.

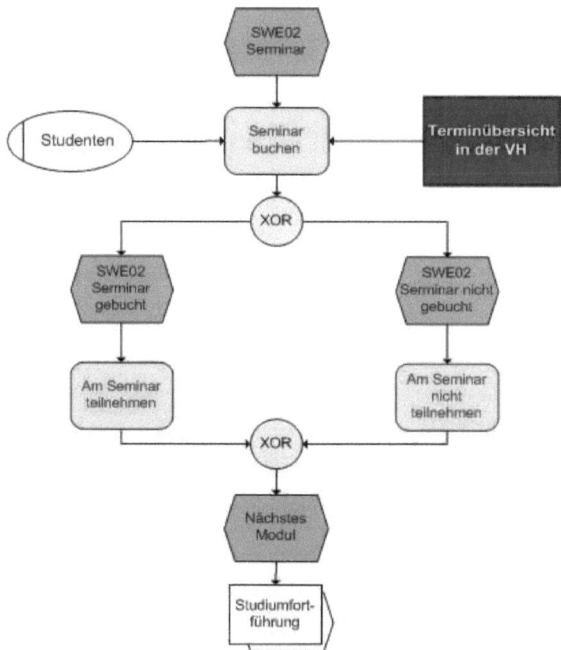

Abbildung 1: Beispiel eines EPK-Diagramms

3 Möglicher optimaler Einführungsprozess

Wenn die Software fertiggestellt ist und im eigenen Unternehmen eingeführt werden soll, muss ein Einführungsprojekt geplant werden, damit alle Abhängigkeiten und Fortschritte ersichtlich sind. Die Einführung der Software kann

---

[21] Staud, 2006, S. 64 - 66
[22] Staud, 2006, S. 110 - 113

in unterschiedliche Phasen gegliedert werden. Zunächst muss die Software-einführung vorbereitet werden. Anschließend wird gemäß der Planung die Softwareeinführung durchgeführt, indem die Software mit den entsprechenden Parametern installiert wird. Nachdem die Software installiert ist, gilt es diese zu testen und die notwendigen Dokumentationen zu erstellen. Anschließend sind Vorbereitungen für den Produktionsbetrieb zu treffen, Abnahmen und schließlich die Betriebsübergabe durchzuführen[23]. Nachfolgend werden die einzelnen Phasen näher erläutert.

3.1 Vorbereitung der Softwareeinführung

Bei der Phase Vorbereitung der Softwareeinführung muss überprüft werden, welche Anforderungen, Voraussetzungen und Abhängigkeiten in anderen Abteilungen des Unternehmens vorhanden sind. Diese müssen identifiziert und beachtet werden, damit alle Abteilungen die Software sinnvoll nutzen können. Nachdem alle Anforderungen, Voraussetzungen und Abhängigkeiten identifiziert und beachtet wurden, kann die Einführung in Form eines Projektes geplant und durchgeführt werden. Bei der Planung des Projektes ist eine entsprechende Einführungsstrategie zu wählen. In der Praxis hat sich die sukzessive, verbunden mit der Pilot Einführungsstrategie bewährt, da zunächst die Basisfunktionalitäten bereitgestellt und im PoC von freiwilligen Benutzern getestet und anhand des Feedbacks angepasst werden können[24]. Außerdem können mit diesem Verfahren die Schnittstellen zu anderen Anwendungen getestet werden. Deshalb ist die Kommunikation zu Beginn des Projektes wichtig, um freiwillige Benutzer aufgrund der menschlichen Neugier für einen PoC zu begeistern. Dabei muss das Projekt samt Projektleiter und Projektmitarbeiter für die Einführung der Software geplant und die einzelnen Phasen bzw. deren Abschlüsse als Meilensteine[25] im Projektplan aufgeführt werden. Abbildung 2 zeigt den Einführungsprozess in Phase 1.

---

[23] Lehmann, Kirchberg, Bächle, 2014, S. 180 - 211
[24] Amrein, 2012, S. 208
[25] Walter, 2006, S. 118 - 123

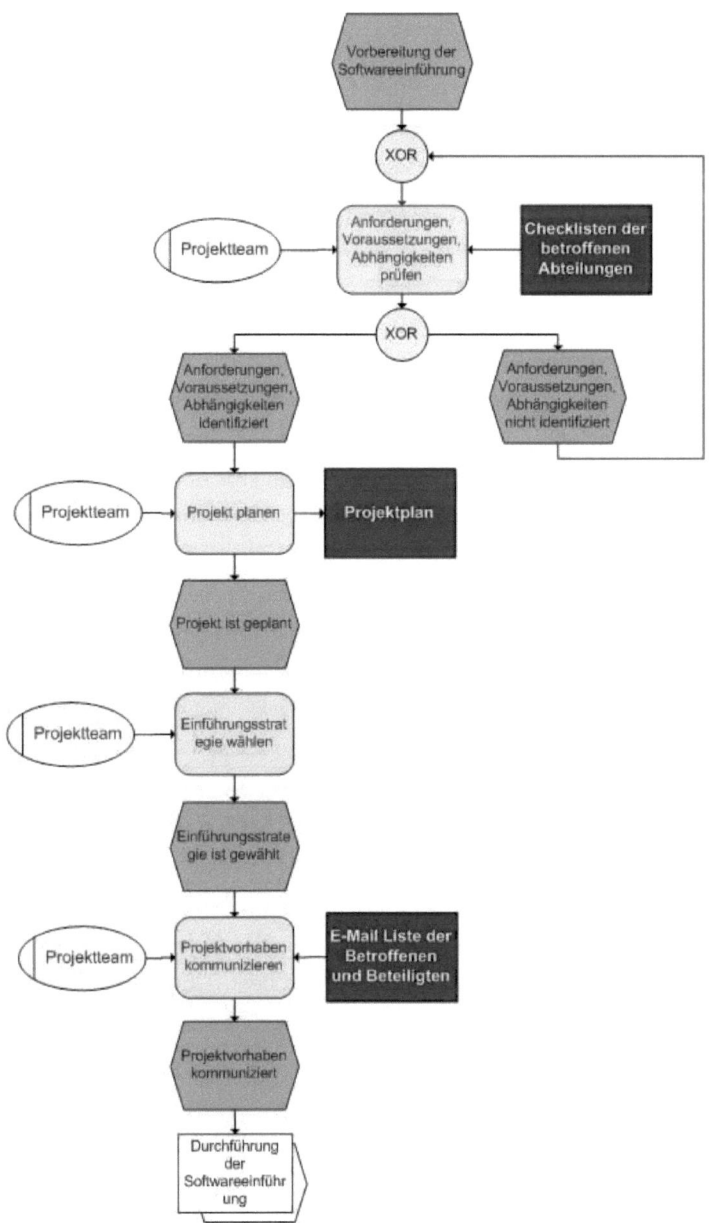

Abbildung 2: Möglicher optimaler Einführungsprozess Phase 1

3.2 Durchführung

In der zweiten Phase wird das Projekt durchgeführt und somit die Software mit den entsprechenden Parametern installiert. Damit es zu keinen großen Beeinträchtigungen bzgl. des Produktionsbetriebes im Unternehmen kommt, sollte die Software sukzessive im Rahmen eines PoCs mit einigen freiwilligen Benutzern in einem unkritischen Unternehmensbereich eingeführt werden. Je nach Größe des Unternehmens kann im ersten Schritt mit bis zu 50 Benutzern angefangen und nach den ersten Erfolgen auf eine größere Anzahl ausgeweitet werden. Durch die realitätsnahen Tests durch die freiwilligen Benutzer können auf diese Weise mögliche Schwachstellen und Fehler identifiziert und dementsprechend behoben werden. Um den Piloten auszuweiten und die Einführung langsam voranzutreiben, ist eine Kommunikation zu den Mitarbeitern außerhalb des Projektes wichtig. Damit erfahren auch andere Mitarbeiter im Unternehmen, die nicht im Projekt involviert sind, dass demnächst eine neue Software verteilt wird, welche die Bestehende ablöst und weitere freiwillige Testbenutzer gesucht werden. Die Kommunikation sorgt für eine Einbindung der Mitarbeiter in den Einführungsprozess und erhöht so deren Akzeptanz, da sich die Mitarbeiter informiert und einbezogen fühlen[26].

Bei der Durchführung der Software-Einführung sollten die Benutzer geschult werden. Dafür können entsprechende Unterlagen wie Handbücher oder E-Learning-Programme zur Verfügung gestellt werden, um auch nach der Software-Einführung den Benutzern ein Nachschlagewerk zu bieten und den internen IT-Servicebetrieb zu entlasten[27]. Je nach Größe und geografischer Verteilung des Unternehmens wären ggf. Präsenztermine für Schulungen denkbar. Detailliertere Dokumentationen sind dem IT-Servicebetrieb bereitzustellen, damit dieser im Supportfall in den Dokumentationen nachschlagen kann. Abbildung 3 zeigt den Einführungsprozess in Phase 2.

---

[26] Wagner, 2014
[27] Ploski, 2008

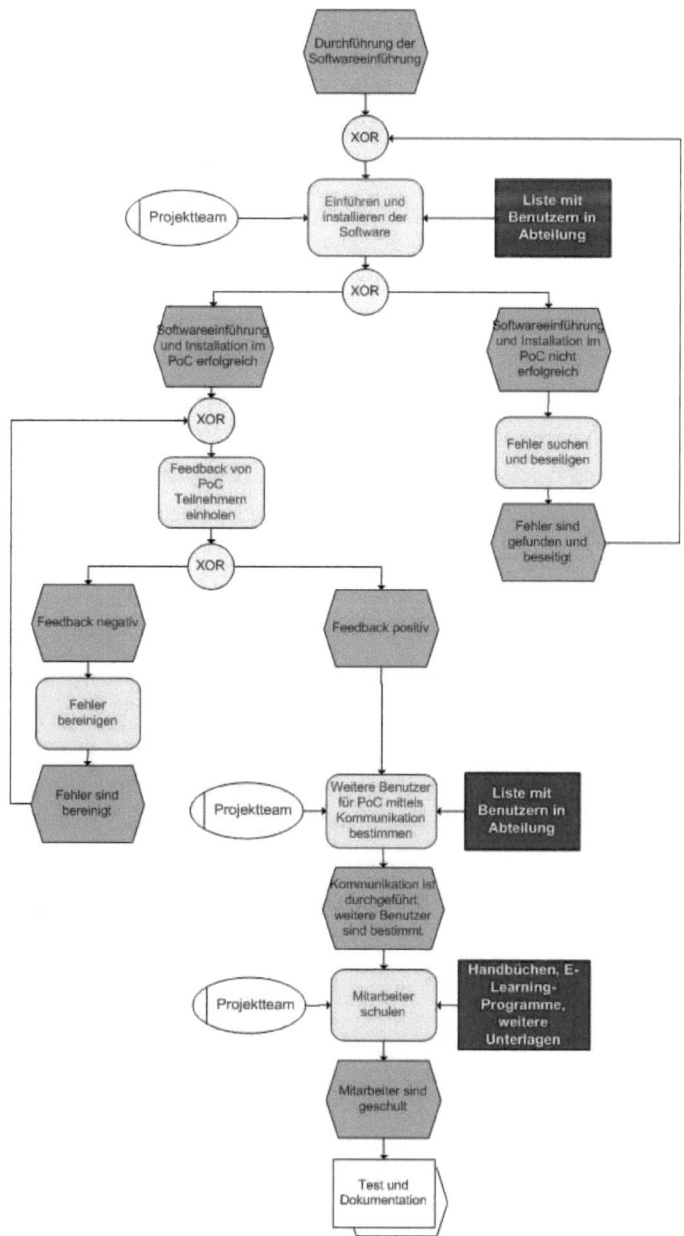

Abbildung 3: Möglicher optimaler Einführungsprozess Phase 2

3.3 Test und Dokumentation

Sobald die Software in einem PoC für eine ausgewählte Anzahl an Benutzern eingeführt wurde, sollten zu den bereits vorhandenen Tests aus den
Testumgebungen, weitere Tests unter realitätsnahen Verhältnissen durchgeführt werden. Unter anderem soll getestet werden, ob alle geplanten Funktionen und benötigte Schnittstellen fehlerfrei funktionieren und die Software ta-
dellos ihre Arbeit verrichtet. Die damit verbundene Durchführung der Integra-
tions-[28] und Systemtests[29] sowie deren Testergebnisse müssen dokumentiert
werden, um diese Dokumentationen bei der Betriebsübergabe vorliegen zu
haben. Festgestellte Fehler während der Tests müssen beseitigt und unferti-
ge Funktionen noch implementiert oder in einem späteren Release ausgerollt
werden. Für die Durchführung des Tests sind ein Testplan sowie vordefinier-
te Testfälle notwendig[30]. Weiterhin gilt es zu prüfen, ob alle notwendigen Dokumentationen bzgl. der Software und der Einführung erstellt wurden[31]. Dokumentationen für die Benutzer sind ebenfalls wichtig, damit die Benutzer die
notwendigen Unterlagen bei der Einweisung in die neue Software erhalten.
Aus den durchgeführten Tests und den damit gemachten Erfahrungen mit
bekannten Fehlern sowie Troubleshooting[32] können entsprechende Dokumentationen erstellt und dem IT-Servicebetrieb zur Verfügung gestellt werden, damit dieser in Problemfällen in den Dokumentationen nachschlagen
kann. Außerdem werden entsprechende Dokumentationen bei der Betriebsübergabe benötigt, um diese erfolgreich durchführen zu können. Abbildung 4
zeigt den Einführungsprozess in Phase 3.

---

[28] Winter, et al., 2013, S. 45 - 57
[29] Sneed, Baumgartner, Seidl, 2009, S. 1 - 21
[30] Spillner & Linz, 2012, S. 19 - 34
[31] Amrein, 2012, S. 212 - 213
[32] techterms, 2009

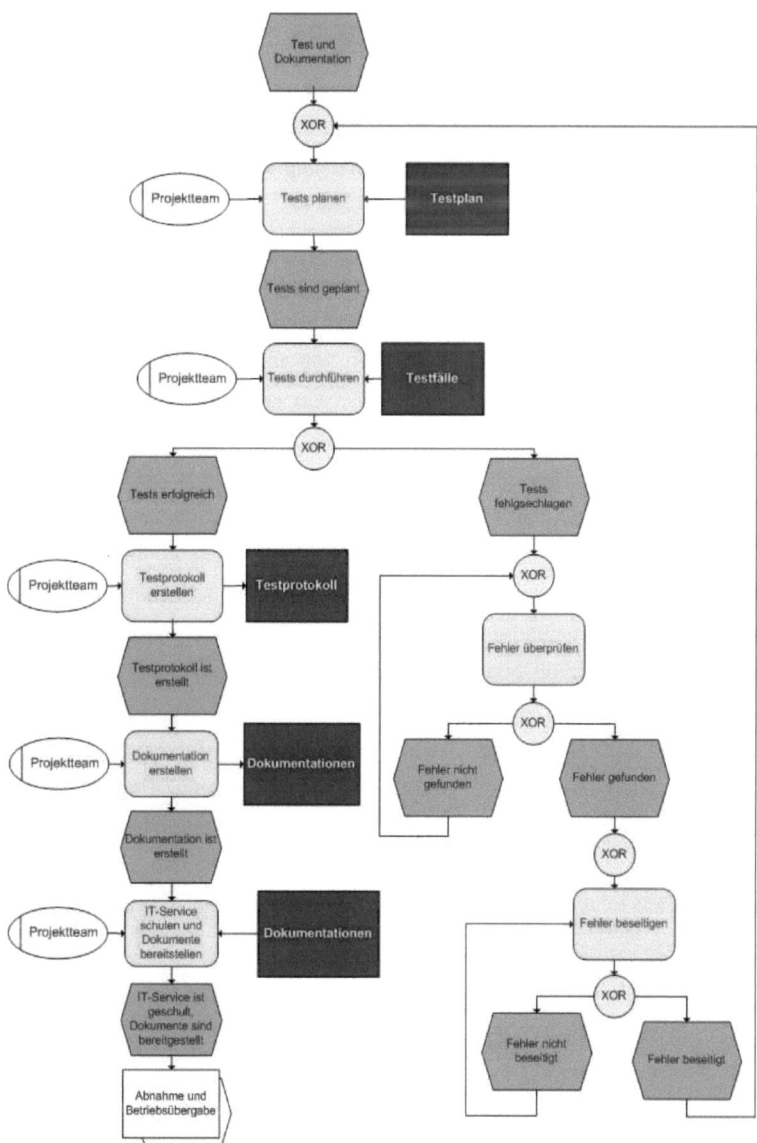

Abbildung 4: Möglicher optimaler Einführungsprozess Phase 3

3.4 Abnahme und Betriebsübergabe

In der letzten Phase des Einführungsprozesses erfolgt die Abnahme der Software durch den Auftraggeber[33] als auch die Durchführung der Betriebsübergabe. Bei der Abnahme wird ein Abnahmeprotokoll erstellt und der Auftraggeber bestätigt dem Auftragnehmer, dass dieser den Auftrag gemäß den vereinbarten Leistungen im geschlossenen Vertrag zwischen den beiden Parteien erbracht hat. Die Abnahme findet unmittelbar nach dem Bekanntgeben des erreichten Projektziels durch den zuständigen Projektleiter statt. Damit geht die Software in den Produktionsbetrieb über und kann im gesamten Unternehmen eingesetzt werden. Wichtig ist, dass alle notwendigen Funktionen sowie Schnittstellen verfügbar und funktional sind. Ist dies nicht der Fall, kann eine Teilabnahme erfolgen und die weiteren Leistungen des Vertrages sind durch den Auftragnehmer in einem vereinbarten Zeitraum zu erbringen[34]. Durch die Betriebsübergabe wird sichergestellt, dass alle notwendigen Dokumentationen vorliegen, die Software entsprechend dem Projektauftrag mit vereinbarten Funktionen eingeführt wurde und die Benutzer entsprechend geschult oder ihnen zumindest die notwendigen Unterlagen zur Verfügung gestellt wurden. Nachdem die Abnahme sowie die Betriebsübergabe abgeschlossen sind, kann das Projekt als erfolgreich abgeschlossen angesehen werden. Der Projektleiter schließt damit das Projekt ab und erstellt im Nachgang den Projektabschlussbericht[35]. Damit ist die Software erfolgreich im Unternehmen eingeführt und kann im gesamten Unternehmen genutzt werden. Abbildung 5 zeigt den Einführungsprozess in Phase 4.

---

[33] Angermeier, 2014
[34] BGB, 2014
[35] Jakoby, 2013, S. 268 - 276

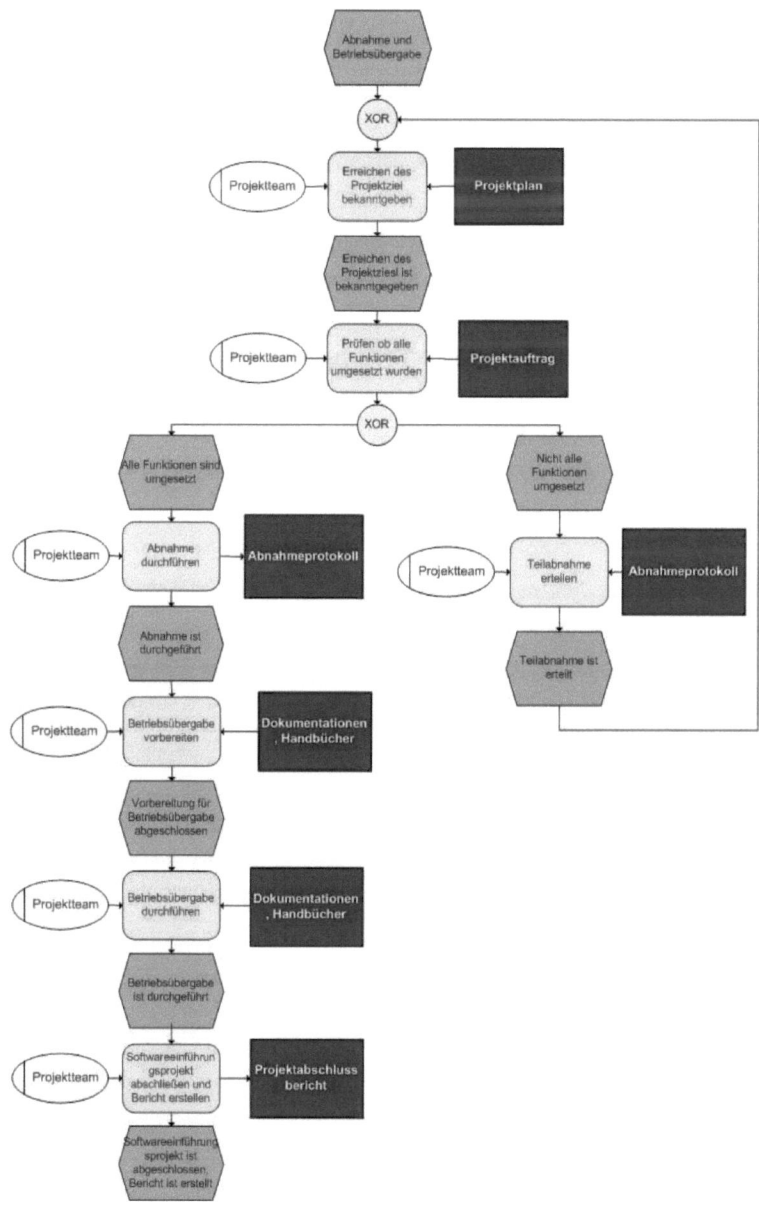

Abbildung 5: Möglicher optimaler Einführungsprozess Phase 4

4 Fazit

Zusammenfassend lässt sich feststellen, dass die richtige Einführungsstrategie für die erfolgreiche Einführung der Software sehr wichtig ist. Für die unterschiedlichen Arten von Software, ist die jeweilige Einführungsstrategie - oder als Kombination von mehreren - der Schlüssel zum Erfolg. Die Einführung einer Software bedarf einer gründlichen Planung, Tests sowie Erstellung von Dokumentationen, die als Nachschlagewerk fungieren und letztendlich der Abnahme und Betriebsübergabe.

Mithilfe der EPK kann der gesamte Einführungsprozess übersichtlich dargestellt werden, sodass dieser für andere verständlich und nachvollziehbar zu lesen ist. Denn aus der EPK kann abgelesen werden, welche Schritte nacheinander ausgeführt, welche Unterlagen oder Informationen dazu benötigt werden und wer den jeweiligen Schritt ausführt.

Allerdings ist bei EPK weder die Dauer der jeweiligen Tätigkeit, noch die jeweilige Person, sondern lediglich die gesamte Organisation zuordenbar, die diese Tätigkeit ausführt. Ebenfalls können mit EPK keine Termine hinterlegt werden, bis wann die Tätigkeit abgeschossen wird oder werden muss. Für die Modellierung von Geschäftsprozessen gibt es andere Modellierungssprachen, die dies genauer und detaillierter darstellen können[36]. Daher sollten diese Modellierungssprachen vor Beginn der Modellierung eines Geschäftsprozesses ebenfalls betrachtet, gegenübergestellt und die passende Modellierungssprache ausgewählt werden.

---

[36] Eggert, 2010, S. 271 - 272

5 Literaturverzeichnis

Allweyer, Thomas. „Geschäftsprozessmanagement." S. 180 - 190. Herdecke, Bochum: W3L-Verlag, 2005.

Altmann, Alexandra. „Gesagt, getan!" S. 203 - 213. München: Redline Wirtschaft, FinanzBuch Verlag, 2008.

Amrein, Corinne. „Business- und IT-Development." S. 207 - 208, 212 - 213. Zürich: Compendio Bildungsmedien, 2012.

Angermeier, Dr. Georg. *Abnahme, Definition im Projektmanagement-Glossar des Projekt Magazins.* 2014. https://www.projektmagazin.de/glossarterm/abnahme (Zugriff am 17. April 2014).

Bentele, Markus, Prof. Dr.-Ing. Norbert Gronau, Dr. Peter Schütt, und Dr. Mathias Weber. „Unternehmenswissen als Erfolgsfaktor mobilisieren!" S. 354 - 355. Berlin: GITO-Verlag, 2011.

BGB, Bund BMJ. *BGB - Einzelnorm.* 2014. http://www.gesetze-im-internet.de/bgb/__640.html (Zugriff am 17. April 2014).

Burth, Andreas, und Marc Gnädinger. *HaushaltsSteuerung.de - Lexikon - Remanenzkosten.* 2014. http://www.haushaltssteuerung.de/lexikon-remanenzkosten.html (Zugriff am 11. April 2014).

Dobe, Bettina. *E-Mail reicht nicht: Projekte scheitern an Kommunikation.* http://www.cio.de/projektmanagement/machen/2907479/ (Zugriff am 17. April 2014).

Eggert, Sandy. „Wandlungsfähigkeit von Enterprise Content Management." S. 271 - 272. Berlin: GITO-Verlag, 2010.

Gadatsch, Prof. Dr. Andreas. „Grundkurs Geschäftsprozess-Management." S. 35 - 40, 357 - 365. Wiesbaden: Springer Vieweg, 2012.

Jakoby, Walter. „Projektmanagement für Ingenieure." S. 268 - 276.
Wiesbaden: Springer Vieweg, 2013.

Koch, Susanne. „Einführung in das Management von Geschäftsprozessen."
S. 105 - 107. Berlin Heidelberg: Springer Verlag, 2011.

Lehmann, Frank R., Paul Kirchberg, und Michael Bächle. „IT für
Existenzgründer und junge Unternehmen." S. 180 - 211. Heidelberg:
dpunkt.verlag, 2014.

Mertens, Peter, und Hans W. Wieczorrek. „Management von IT-Projekten."
S. 267 - 268. Berlin Heidelberg: Springer Verlag, 2008.

Nüttgens, Prof. Dr. Markus. *EPk.* 2013. http://www.enzyklopaedie-der-
wirtschaftsinformatik.de/wi-enzyklopaedie/lexikon/is-
management/Systementwicklung/Hauptaktivitaten-der-
Systementwicklung/Problemanalyse-/Geschaftsprozessmodellierung/EPK
(Zugriff am 04. April 2014).

Pichler, Roman. „Agiles Produktmanagement mit Scrum." S. 85 - 88.
Heidelberg: dpunkt.verlag, 2014.

Ploski, Viola. *Einführung: Die Integration des Users bei IT-Rollouts.* 2008.
http://www.business-wissen.de/artikel/einfuehrung-die-integration-des-users-
bei-it-rollouts/ (Zugriff am 17. April 2014).

Sneed, Harry M., Dipl.-Ing Manfred Baumgartner, und Richard Seidl. „Der
Systemtest." S. 1 - 21. München: Carl Hanser Verlag, 2009.

Spillner, Andreas, und Tilo Linz. „Basiswissen Softwaretest." S. 19 - 34.
Heidelberg: dpunkt.verlag, 2012.

Staud, Professor Dr. Josef. „Geschäftsprozessanalyse." S. 59 - 60, 60 - 62,
62 - 63, 63 - 64, 64 - 66, 66 - 67, 68 - 80, 110 - 113. Berlin Heidelberg:
Springer Verlag, 2006.

techterms. *Troubleshooting Definition.* 2009. http://www.techterms.com/definition/troubleshooting (Zugriff am 17. April 2014).

Wagner, Elisabeth. *4managers - Management: Projektmarketing.* 2014. http://4managers.de/management/themen/projektmarketing/ (Zugriff am 17. April 2014).

Walter, Volker. „Projektmanagement." S. 118 - 123. Norderstedt: Books on Demand, 2006.

Winter, Prof. Dr. Mario, Dr. Mohsen Ekssir-Monfared, Harry M. Sneed, Richard Seidl, und Dr. Lars Borner. „Der Integrationstest." S. 45 - 57. München: Carl Hanser Verlag, 2013.